은하 누리별

여서완 시인

본명: 여현순
경남 함양 출생
시인. 사진작가. 여행작가
한국문협, 국제펜한국본부 회원
한국사진작가협회 회원
조인컴 대표컨설턴트
시집: 『사랑이 되라』『작은 갤러리 풍경』

주소: 서울 종로구 비봉2길 32, 1-101
이메일: yeolucent@hanmail.net
http://cafe.daum.net/headhunteryeo
사진: 여서완(시인)

초여름

야시 시락

오늘 두미래

하늘 두레박
의식의 샘에 물을 준다

생명의 근원인 물과 같은 글을 퍼 올리는 하늘 두레박

시에 유난히 바람이 많다. 영혼의 바람이 일렁대듯
한 삼 년을 바람같이 살았다.
흔적도 없을 것 같은 바람의 잔해들
바람을 잡아둔 글이다.

별들과 꽃이 된 별들 세상 장식한다.
이생의 시절 인연으로 만나 부모도 되고 친구도 되고
그 한 시절 연인 그리워 다시 찾아온 인연들.
단풍 절정인 가을 지나고 만나는 세 번째 시집 『하늘 두레박』이다.
『사랑이 되라 be the love』 이후 삼 년 동안 발표했던 흔적들
한데 모아 엮었다.
별들이 쓰는 하늘 글, 천문을 읽는 천을귀인을 만나
동양천문학회의 일원으로
다양한 경험이 많은 사람들을 만나서 배우고 수양을 하고 있다.
내 별은 여명보옥성(餘明寶玉星)이다.

작가노트

여러 곳을 여행하였고 유영하듯 삶과 하나 되어 살고 있다.
북한산 구기동 자락에서 살면서 가끔은 종이처럼
침대에 엎드려 있기도 하고
겨울을 이겨낸 쌉쌀한 향기의 우전을 혼자 마시기도 한다.
항상 지금이 최고였듯이 또 지금이 나의 절정이다.
절정에 하늘 두레박을 엮는다.

천지인, 의식의 샘에 물을 주는 하늘과 땅을 잇는 가교
하늘두레박이다.

2015년 11월 20일
여 서 완

contents

작가노트 • 004

chapter 1

북한산

북한산 • 012
백두산 천지에서 • 014
지리산 • 016
오대산 단풍길 • 018
북한산 노적사 • 020
삼각산 다람쥐 • 021
삼각산 웃는 바위 • 022
삼각산 계곡 물소리 들으며 • 023
삼각산 구기골의 하루 • 024

chapter 2

별 무리

별 무리 • 026
봉황이 홰를 치니 세상이 하나 되도다 • 027
별을 따는 사람 • 028
하늘 두레박 • 030
한강 • 031
달님 • 032
천지창조 • 033
신선놀이 • 034
이유 있음 • 036
태양의 알 • 038

chapter 3

자명고

자명고 • 040

빈우궁 은하동녀 • 042

진여 • 044

가야국 마지막 왕비 • 045

발해의 옛 성터 솔빈부 • 046

향고양 • 048

나는 바보다 • 049

지금 이곳에 now here • 050

chapter 4

히말라야

히말라야 • 054

안나푸르나 • 056

포카라 가는 길 • 058

룸비니, 부처님 나신 곳 • 060

제 3의 눈 • 062

파슈파티나트 • 064

티베트 게스트하우스 • 066

정월 대보름 타멜에서 • 068

잉카, 태양의 제국이여 • 070

우루밤바 • 072

잉카의 요새에서 • 073

chapter 5

꽃이
별이였구나

꽃이 별이였구나! • 076
해당화 • 077
사랑의 꽃 • 078
빛은 신의 눈길이다 • 080
박달 저수지에서 • 082
세포 • 083
이팝나무 • 084
개망초 꽃 • 085
목련 • 086

chapter 6

천사의
나팔소리

천사의 나팔소리 • 088
아버지의 옥편 • 089
복천성 • 090
시를 위하여 • 091
잠 안 오는 밤에 • 092
신 낭만파들 • 093
가을을 심다가 • 094

chapter 7	손가락이 말을 한다 • 096
	일탈 • 098
손가락이 말을 한다	불꽃이 되라 • 099
	흑마늘 • 100
	무의도 • 101
	비움과 채움 • 102
	스마트 폰 • 103
	모든 것이 가라앉았다 • 104
	항해 • 106
	충전기에 누워 • 108

chapter 8	나는 역사의 어떤 한 점이 될지 • 110
	개천제 • 112
나는 역사의 어떤 한 점이 될지	광개토호태왕 • 114
	역사는 흐른다 • 116
	압록강과 돼기밭 • 117
	에너지 원 • 118
	졸본성에서 • 120
	청산리 전투터에서 • 121
	신교총화 • 122
	칠석제 • 124
	통일 염원 담은 한글 • 126

chapter 1 북한산

북한산

북한산에 척추가 있다면
백운대 아래 굵은 바위이리라
땅 속 깊이 다리를 박고 있는
엉덩이쯤 되는 바위 밑동을 안았다
꿈쩍도 하지 않는 한민족의 거대한 역사가
밑뚱 뿌리로 버티어 서서 일어나 도약하라 힘을 준다
단숨에 백운대 정수리 위로 올랐다
서쪽으로 넘어가던 태양이 태극기에 걸려
내 시선을 붙든다
사방으로 넘실거리며 뻗은 손이 잡고 있는
능선으로 연결된 봉우리들
거대한 바위 얽힌 서울을 아우르는 뿌리
세계로 뻗어 가는 우리들의 뿌리
감히 범접할 수 없는 시원의 역사가 우리에게 있었다

북한산 백운대 뿌리를 꽉 안았다
인수봉보다 거대한 바위가 한 아름에 안긴다
서울을 다 안은 거였다
안고 있는 내가 커지는 시간이다

북한산 아래 살면서
삼각산에 오롯이 안기기까지 오 년이 걸렸다
아니 내 삶 전체인 오십 년이 걸렸다
바위의 뿌리에 선 날
북한산이 나를 감싸 안았다

백두산 천지에서

천태만상의 봉우리 수없이 솟아
천기의 호수 있어
압록강 되고
두만강 되어
민족의 혼으로 흘러
가이야 곳곳에 그침 없이 흘러가라

하늘을 열어
천지 속살을 드러내 보이시고
오묘한 푸른 물 연출에
황홀하여 뛰는 가슴은
그 푸른 물에 풍덩
온몸을 던져 넣는다

살갗이 다 녹아
다시 빛으로 태어나는 변신을
수행하고 정진하며 거듭남은
오롯이 우리가 함께 상승하기 위함이다

천지의 푸른 물 가슴에 담아
그 에너지로 빚은 빛과 사랑의 감동
삶의 흔적 곳곳에 나누어 가라

지리산

민족의 영산 마고의 산
천녀 천황의 역사를 품어 안고 잉태된
민족의 정신 지구의 어머니 우주의 창조자다

이생에 나는 지리산 함양 땅에서 발아하여 뿌리를 내렸다
지리산이 품은 아버지 어머니의 자양분으로 올곧게 키우셨고
태양 같은 빛이 되라 하셨다 사랑이 되라 하였다
천명께서는 살을 위한 삶보다 뼈의 삶을 살아
동방에 뻗은 가지 동방의 빛이 되라신다

인간 구원 행복 복원의 마고가 숨쉬는 지리산
내 발자국은 항상 그곳에 있었고
나를 지탱하는 힘으로 버티어 주었다
역사의 점도 좋다. 그보다 인류의 빛이 되어 근원상승의
거름이 되어 묵묵히 걸어가야 한다

지리산 종주길
마고 할매 형상이 세워진 노고단에서부터 걷는다

긴 여정의 한 걸음 한 걸음
딛는 발걸음마다 역사가 숨쉬고 에너지가 일어난다
이 삶의 주인은 나임을 깨워주는 걸음,
내가 걷지 않으면 한 발자국도 앞으로 나갈 수 없다
천왕봉에 우뚝 선다
모였다 흩어졌다 운무의 행진을 보여 주심은
군중의 심리를 재현하여 나를 일깨워 주려 함이요
빠끔히 태양 빛을 내려 환희의 순간을 맛보게 함은
빛이 되라는 가르침이었다
긴 종주 길에 흘린 땀이 헛되지 않았음을
이제야 깨우치게 된다

생명 영원이며 세속에 것들에 인간구원의 해결자다
인류 최고의 신이며 조상이다
나의 뿌리 민족의 빛이여
천황 마고의 산, 지리산

오대산 단풍길

월정사에서 상원사 올라가는 개울가 옛길은
떨어져 누운 잎들이 푹신하게 깔려 있는 그 위로
붉어진 가슴들 물들인 붉은 단풍으로 장식된 레드카펫

그 위를 걸었소

레드카펫 드레스의 배우들이
망라되어 편집된 TV 속에서
오대산 단풍길을 떠올렸소
그 레드카펫보다 포근하고 향기로운 길이었소

붉은 단풍잎 몇 잎 주워 올려 잊었던 여심 만나오
본능 숨기지 않고 드러낸 붉은 빛이 아름답소
부끄러이 꺼내놓지 않는 그 미소가 싱그럽소

적당한 게으름에 길들어진 발걸음이
점점 무게를 더해가도
나를 믿는 그것들이 녹슬지 않고 버티고 있소
쿵쾅대는 심장 소리 가라앉힐 시간도 없어

그 과정에서 최선의 발걸음으로
단풍잎도 되새김질하고
진언도 읊조려 보고
내 안의 에너지를 모아
달팽이 걸음으로 묵묵히 걸었소
삶이 그러하듯이

1,563m 정상은 숨 가쁘게 올라오는 등산객을
묵묵히 기다리고 있었고
위엄스런 모습으로 첫 발걸음 맞이했소
이제서야 그대 앞에 서게 되오
이제 인연 되어 내 발아래 벗이 되었소
그곳에서 기다린 세월에 감사하오
이런저런 세월 되돌아보는 시간도 되었소

붉은 속삭임이 황홀한 날이오
단풍에 하루가 푹 빠진 날이었소
가을에 베인 가슴
단풍길이 치유의 길이오

북한산 노적사

기다렸습니다. 오랜 세월을

감로 가득한 진국명산 북한산성
노적가리 노적봉 아래
본성대로 평화롭고 생명빛 빛나는 그곳
어머니 품속 같은 곳 노적사 있네

다 버린 줄 알았던 물음표가 나를 붙드니
지구를 손에 든 우주 전자미륵 부처님 빙그레 웃는다

그 아래 낭랑한 우주화생법문 소리
불아종영 궁을불아 미륵선화 십기일행
본태심신 전자합기 해탈사멸 광제창생

노스님의 미소 계곡물 되어 한강으로 흐르고 세계로 흘러
하늘에 닿아 북두칠성 옆에 두고 은하수천 다다르니

화생신발 신고 달리던 별 하나
북한산 산신령께 감사 큰절 올린다

삼각산 다람쥐

삼각산 걷다가
나뭇잎에 붙어 떨어진 풋도토리
아~ 도토리다
빙그레 웃음 나온다

숫다람쥐 구애하며
불룩한 볼 근육 자랑하다 모자라
재물 자랑으로
떨구어 놓은 파란 상수리 열매
암다람쥐 다 줍지도 않고
따라나섰구나

사랑 하나 주워왔다
사랑의 계절 가을에

삼각산 웃는 바위

웃는 바위에 엉덩이 들썩하여라

춤추는 바위에 덩달아 춤을 추니
구름도 온몸으로 춤사위를 펼치노라

꽃핀 바위에 앉으니 너와 내가 꽃이어라

바라보던 삼각산이 빙그레 웃다 춤을 추니
한강수 출렁대고 한양 장안이 들썩들썩
북촌 헌법재판소 앞 춤마당* 벌였구나

바위가 눈을 뜨니 모두 하나 되는구나

---

* 9월에 열리는 인사동 북촌 축제

삼각산 계곡 물소리 들으며

마당까지 밀고 들어온 비봉의 정기
삼각산 계곡 물소리
깊은 산 속 폭포 아래 앉은 듯 요란하다

번뇌 시름 다 걷어갈 기세로
안방까지 몰려와 걷어간다 하니
가져가라 했다

다 주고 빈털터리 되니
세상 다 가진 듯
가득하다

은하수 천 물길 끌어와 기우제 지내던
은하천계도화수는
내 앞에 홍조를 드리우고 고요하다

삼각산 구기골의 하루

마당에 풀을 뜯어 아침상 차리고
새소리 음악 삼아 고요 속에 풀어놓아
반 허리 묶어 놓은 삶의 세월에
바쁜 세상 내가 없는 듯 이런 날도 좋아라

chapter 2   별 무리

별 무리

천둥과 번개는
별 무리가 찾아오는 소리였다

해동천문도, 천상열차분열지도

하늘의 별들이 뭉치고 움직여
새로운 차원상승 여행 중
북두칠성도 앵돌아져
국자 속에 담긴 우주의 보물들

내 안에 오롯이 담은 별들은
정원에서 꽃으로 피고 지고
견우가 직녀에게 입궁하니 이별 없는 날들이라
칠석날 더는 비가 아니 오니
까마귀 까치도 새 세상이다

밤이면 꽃들은 등불 켜고 별 천계 되니
인공으로 가려진 하늘
가슴에 담아두고 꽃들을 본다
별들이 가슴에서 빛으로 웃고 있다

봉황이 홰를 치니 세상이 하나 되도다

상서로운 기운 우뚝 솟은 그곳
용비봉무의 서기가 어려있는 선돌의 우뚝 선 기둥이
천지인 기운을 담아 하늘을 향해 날개를 펼치도다
빛의 조화로 불사조의 날갯짓은 대지를 덮고
지상의 모든 어둠 다 걷어갈 신령스러운 춤사위여
스스로 몸을 태워 재가 되고
영혼의 눈이 열려 날개를 활짝 펴고 하늘을 덮으니
세상이 조화롭도다
봉황의 신령스러운 기운 솟아나
우주의 노래 되어 봉무로 어우러져 하나 되소서
봉황의 날갯짓이여
사랑을 펼치소서
사랑이 되소서

별을 따는 사람

천문진리 터득하여
인류의 길 밝혀주시는 천을귀인
하늘 글 읽어 세상 이치와
사람 안에 하늘 별 제 소명 읽어
별들로 바둑 두듯 사람과 사람 별들과 별들로
세상 이치 풀어가는 이여

자미극좌물화자연紫微極座勿和自然*

별들의 으뜸 북극성 중심으로 모든 별들 돌아가듯
별들이 쓰는 글을 읽어 세상이치 순리대로
천지인 조화 위해 묵묵히 걸어가는
순수한 본성대로 사람 안의 하늘 펼쳐 보이시고
이기로 천문 풀어가며
세상에 현현하는 모든 존재들과 함께하는 이여

준비되면 나타나신다던 스승
문득 내 앞에 나타나신 천을귀인 스승이시여

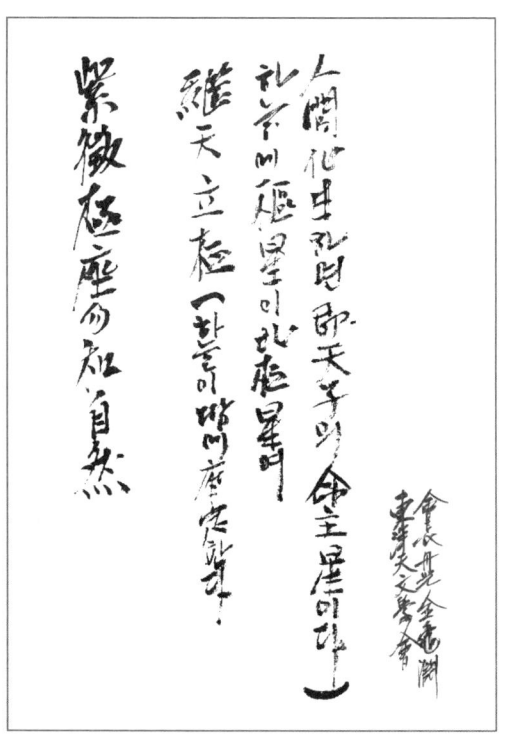

* 자미극좌물화자연 紫微極座勿和自然

자미성이 하늘의 북극성이다. 하늘에는 북극성을 중심으로 28수를 포함한 수십억 개의 별들이 돌고 세상은 자미성을 중심으로 활약한다.

자미성인 천추성 하나만은 움직이지 않는 부동성이다. 이 별은 하늘 땅 사람을 중심하는 별이며 항동성이다.

너무 빨리 움직여서 부동위 같으나 사실은 불가사의이다.

계천입극은 하늘 법도가 지상에 내려와 좌정하는 것이며 지상낙원인 것이다.

하늘 두레박

井을 그리고 하늘의 두레박으로
점하나 찍었다
丼
동쪽에는 청룡을
서쪽에는 백호를
남쪽의 주작
북쪽의 현무
우주 섭리가 우물 속에서
두레박으로
하늘과 땅을 오간다

생명수

고목나무 실핏줄 달아올라
생명 이어가는 끈이 되어
희망의 새싹 자란다

하늘의 섭리 이치라
고맙게 받아 마신다

한강

서울의 대동맥 한강
실개천 이어진 생명선
척추의 북한산 둘러싸고
서울을 흐른다

태백 검룡소 물줄기 흘러
양수리 두물머리 짝 맺어
한강에서 반짝이는
별들의 노래

천 년 거북 살고
잉어 떼들 유영하며
갈매기 꿈꾸며 넘나드는
풍요의 축제

넘쳐 흘러 서해 적시고
태평양 한 바다 물결쳐
세계 중심 지구 중심
은하수 젖줄로 흐른다

달님

천상에서 내 창에 노크하는 이여
가려진 커튼에 눈물 흘리던 이여
시시각각 다른 옷 입고
변화하는 모습 보여주는 이여

천상 이야기 전하려 해도
닫혀있는 가슴에 하얀 얼굴로 놀라는 이여
눈물도 거두고
냉소적 미소도 거두어 주오

천상의 메시지 전하는 이여
커튼 걷고 가슴 열어
그대 얼굴만큼 환하게
천상과 지상 품을 것이요

천지창조

호박죽을 쑤다가
그곳에서 우주를 본다
저어지는 호박의 움직임이 섞이며
천지창조의 숨결이 일고

노란 용광로에서 뿜어내는
방울 화산들이 음악이 된다

나무주걱의 소용돌이에
맥없이 무너지는 용광로의 기포들
신은 거침없이 우주운행
천지 주관하신다

가라앉아 눌어붙은 쌀가루 포기하고
다른 그릇에 옮겨 담는다
차원 상승 새로운 시대로 움직인다

신은 어느 시나리오로 우주를
이 지구를 운행하고 계시는지

신선놀이

북한산 자락 어느 꼭대기 앉아
바람 움직임 음미하며
포도주에 신선주 첨가한
신선 포도주 마시는 시간
신선놀음이라 했다가 호되게 말 듣고
말 고쳐 신선이라 하니
다들 끄덕인다

고요히 바위에 앉아
바람의 움직임과 춤추는 만물 소리
태양과 빛의 조화 속에
자연의 모든 것들 담아
깊이 숨 쉬며
내면과 우주 간 소통의 시간

비구름 안개가 태양 가렸다 내놓았다 숨바꼭질하면
몰려온 안개는 선명한 풍광 삼키고
은은한 은백빛 채색하니
그림 속 신선 모습된다

우리 자체가 신선이 되는 순간이다
새들 놀러 와 재잘거리고
벌들 웅웅거리며 꿀을 따는
햇살 부서지며 눈부시게 빛나는

이곳이 천국이다

가끔 이렇게 신선이 되는구나
신선 되니
풍경화 속에 내가 앉아 있다

이유 있음

꽃들이 이유도 없이 피었습니다
피지 못한 꽃들 이유도 없이
차가운 어둠 속에서 스러져 갑니다
숭례문이 불탈 때 그러했듯
보이지 않은 죄책감과 분노로
누구나의 가슴 타들어 가고 쪼그라듭니다
이유 없이 핀 꽃들도 죄스러울 것이라 하며
모두가 죄인처럼 하나 되어 갑니다

무얼까
무얼까

하릴없이
햇살에 반짝이는 꽃들 봅니다
꽃들이 이유도 없이 아름답습니다
우리가 너무 많은 이름 붙이고
너무 많은 틀 속에 우리와 꽃들 가두었나 봅니다
꽃들이 이유도 없이 피었습니다
또 꽃들이 이유 없이 스러져 갔습니다

아무것도 않고 숨만 쉰다
고양이 한 마리가 어슬렁거리며 눈 앞을 지나간다
바람이 분다

훠이훠이 나비의 날갯짓이다

태양의 알

태양이 알을 낳는다
내 안에 들어온 알은
몸 구석구석을 돌며
거추장스러운 것들을 몰아낸다
정화된 내가 환하게 웃는다
"알이랑 아리랑 아라리오
알이랑 고개를 넘어간다"
우리의 얼이 태양의 알과 함께
생성되고 승화된다
알이 알을 낳고
삶이 정화된다

chapter 3 자명고

자명고

누에는 입에서 지구를 감을 만큼 실을 뽑아 고치를 만든다
나는 펜 끝으로 실을 뽑아 글로 풀어가야 한다
한반도는 누에 형상으로 누워 있고
도솔천궁 석종도 누에 형상으로 있다

내 안의 사랑 시작되는 가슴 속 그곳에서
사랑의 씨앗들 글로 살아나 펼쳐지는 것
스스로 우는 북
나는 자명고다
사랑 위해 찢은 자명고
한 땀 한 땀 다시 꿰매어
맑고 청아한 음악으로 흘러야 한다
누에가 실을 뽑아내듯
내 안의 것들로 사랑의 시를 쓰고
세상을 깨워 울리는 율여가 되어야 한다

수 없는 꽃 다투어 피어났다
땅속 씨앗들 꽃 피워내듯 내 안의 꽃들 피어나는 봄
세상 만물 존재가 깨어나는 봄이다

천지인을 깨워내는 것이 사람의 사랑이요
사랑이 깨어나 태양 같은 빛이 되고 꽃이 된 봄이다
봄 春

셀 수 없는 만큼의 꽃들 가슴에 담았다
태양 빛에 황홀했다
이제 내 차례다
사랑 주머니 열어 세상에 뿌려야 한다
주머니가 잘 열리지는 않지만
더 순수해지고 맑아져서
지혜의 빛으로 한 땀 한 땀 세상에 수놓아야 한다
내가 빛이 되고 물이 되어 꽃을 피우고
가슴의 사랑을 펼칠 차례다
세상의 빛이 되어야 한다

시를 써야겠다

빈우궁 은하동녀

그녀였을까
빈우궁에 살았다던 은하동녀

흰머리는 몇 가닥 표식 같은 보라 변색하고
별에서 받은 유전자대로
감싸고 숨겨도 드러나는 또렷한 위엄들

수정궁전 머무르며
흰 눈의 세계 중심을 걷는다

히말라야 그 품 안에 오롯이 안기어
새털같이 가벼운 날개 달고
바람같이 자유로워라

하늘 땅 그 사이
다 벗고 서 있는
빨주노초파남보 무지개 보라 여인 그녀일까
화답하듯 에취
태양이 미소 짓는다

내 안의 것들을 다 내려놓고
태양의 끈을 놓지 않고
지구의 전령사인 양
빛을 향해 다가서는

천상의 반지가
영롱하게 그녀 손에서 빛난다

진여(眞如)

불혹의 나이 이전에는
현실이라는 방에 머물렀고

그 이후에는
영혼의 방에 머무는 시간이 많아졌다

봉황대는 영혼의 방과
소통하기 좋은 방이다

천상 열쇠가 쥐어지듯
도장에 진여(眞如)*가 새겨져 왔다

진리를 찾아 묵묵히 걸어가라는
하늘의 가르침이다

---

* 진여(眞如): 진리를 찾아가는 의미
  사물의 있는 그대로의 모습을 뜻하며 평등하고 차별이 없는
  절대적 진리를 이른다.

가야국 마지막 왕비

국화꽃 저리 고운데
내가 이리 슬피 울고 있음은
분명 그녀의 눈물이리라

천오백 년 설움이
우주 속 알갱이들로 떠돌다
빙의된 듯 찾아와
내 안에서 터지는 통곡

온몸으로 찾아가려 했지만
질긴 인연의 업에
근처만 돌다 온 아쉬움

경상남도 함양
상림의 상사화는
불을 켜고 붉더라

발해의 옛 성터 솔빈부

흔적 없는 광활한 성터에서
바람이 옷깃 잡는다

야생화는 어찌 그리 애달프게 아름다운가
한들거리는 산도라지
용담의 보랏빛 고와라
무리 지어 핀 노란 취나물 꽃들과
이름 모를 보라 꽃들 황홀하여라

아득한 발해 궁궐
너른 벌판에 솟아있던 성터에서
용담 꽃물 하늘거리는 공주의 사랑 보인다
성터 계단 올라가 노닐다 달빛에 속삭이는 바람
잡을 수 없던 그 손 바람이 손잡는다

성터에서 한꺼번에 훌쩍 뛰어본다
쿵쿵 울렸던 그 심장만큼 울렸을까
아무런 흔적 없는 것이 어디 한생 뿐이던가

겹겹이 쌓여 별이 내려와 꽃이 되었으리
그리움이 쌓여 바람으로 흔들고 있으리

향고양

향 타는 연기의
춤 가락 보았는가

한 올 한 올 풀어내는 승무
나불나불 추는 춤도 좋아라

한순간 한 가닥도 같은 것 없는
순간의 흔들림

각자가 지닌 삶의 길
개성대로 풀어가는 일상 속에
흩어지고 말 연기라도
최선으로 사그라지자

번뇌도 태워버린 그 자리
코끝에 남아 있는
전생의 기억

나는 바보다

피운 향의 연기만큼 수북하게 쌓인 성냥개비들
폐부 깊숙이 감추고 있던 사념들은 카르마의 끈을 풀고
연기 속에 날며 윤회의 밤 태운다
망울망울 연기 고리들과 연결된 인연들
내 삶 속에 뿌리내리고 있다
너는 우주 별똥별로 불현듯 떨어져
울퉁불퉁 삶 속 헤집고 다니는구나

차 속에 녹아서 마신 감정의 건더기들
또 얼마나 많은 윤회의 강 건넜는지
깊은 호수의 그것처럼 솔잎차 검은 향
하얗게 일어났다 내 안으로 미끄러져 간다

인간은 지구를 거미줄 망으로 엮어놓아
아프리카 대륙의 잠 못 드는 여인의 카톡 날아왔다
텔레파시나 우주와의 소통은 쉽지 않은 과제다
퇴화한 뇌 기능은 기계라는 것을 발명하여
원시적으로 작동한다
정작 나의 본령과도 만나지 못하는 바보다. 아직 나는!

지금 이곳에 now here

이곳은 세상의 소음을 끈 고요 속
내 안의 나와 만나기 위해 존재하는 곳
차를 마시며 그 맛을 흘려보내고
향을 태우며 그 향기를 흘려보내고
사랑과 평화가 함께하는 시간

향에 불을 붙인다
마주 보고 있는 꺼진 향에 입을 댄다
충분한 시간만큼 붙어 있어야
그 뜨거움이 옮겨붙는다
같이 뜨거워져야 한다

사랑이 되라(Be the Love)를 읽는 것도
내 안의 나와 소통하는 시간
가슴 속 갇혀 있는 영혼과의 만남
책을 읽고 가슴이 눈물을 흘리고
영혼 치유의 책 되었다니 감사하다

향이 탈 때까지

차의 향기와
내 안의 나와 만나는 시간
생각들을 불러 왔다 보내는
명상의 시간

사랑이 되라

chapter 4　히말라야

히말라야

세계의 중심
그 위를 날아올라 일출의 장관을 본다
하늘 아래 제일의 산맥들이 솟아 일구어낸
지구의 지붕
춤추는 산맥 위로 떠오른 태양 아래
구름을 감고 앉은 용의 모습

범인들이 볼 수 있는 경지는 아니라니
체념하고 떠나는 그 순간
찬란하게 제 모습을 드러내는
찰나 같은 영원의 순간!
다 버리고 체념할 때 드러내는 삶의 순수
가슴 밑바닥까지 진실할 때
사랑은 오롯이 모습을 드러내듯
그렇게 펼쳐진 웅대한 당신의 위용
눈 감으면 일어나는 설산의 장엄함

가슴에 우뚝 솟은 산 하나 심었다
어디에서도 다시 솟는 내 희망
히말라야

안나푸르나

하늘로 솟은 거대한 심연
티베트 고원과 인도 대륙 사이
웅장하게 펼쳐진 세계의 지붕
하늘 아래 가장 높은 산꼭대기 웅비한 그곳
네팔 히말라야

곡식과 풍요의 힌두 여신
이름처럼 아름다운
좁고 깊은 안나푸르나 계곡에
시도 때도 없이 안개를 불러와
보일 듯 말 듯 여행객 유혹하는

모진 시련 안고
세속의 미련마저 놓아버리니
다 벗고 말간 얼굴로 맞이한다

히말라야의 심장

아름다운 여신의 자태로 선 안나푸르나
그 아래 섰다
안나푸르나 베이스캠프에
말갛게 벗은 내가 있다

포카라 가는 길

긴장 설렘 타고 가는
카트만두 포카라의 작은 비행기

프로펠러 옆자리에 앉아 바라보는 히말라야 산맥들
팝콘처럼 가지고 온 귀마개와 콩사탕
빨간 정장 낯선 풍경의 안내양

설레던 마음은 기다림에 지치고
긴장감은 소음 속에 묻힌다

뿌옇게 내려앉은 물방울들 사이로
산허리마다 꼬물꼬물 일구어진 밭들
한 땀 한 땀 수놓은 자수 풍경화다

구름인 양 숨어있던 설산
환호하고 다시 보니 구름만 재주 부려댄다
소음이 긴장 녹이고
손톱만 한 콩 사탕 하나 입속에서 녹으니

묘한 설렘 온몸 감싼다

포카라, 그곳은 히말라야 안나푸르나
그녀와의 시작점

룸비니, 부처님 나신 곳

지는 노을에 만난 대성석가사
대웅전은 웅장하건만 짓다가 멈추어 있구나
기다리신 듯 커다란 탱화 앞에 앉으신 소박한 부처님
인사드리고 명상 시간
모기떼와 낯선 한식의 저녁 공양

순례하듯 찾은 각국의 절들
수련 벙그렇게 웃는 사진 속의 하얀 사원 찾아가는
릭샤위에서 가보지 못한 아프리카 푸른 초원 느낀다
성지화된 부처님 탄생지 다다르니
나들이 온 각국의 순례자들
보리수 아래 수행하던 부처를 그리듯
커다란 나무 아래 타르초가 운동회 만국기처럼 펄럭인다
생명줄 다하면 새 옷 다시 입으며 고리를 엮어가는 윤회

이생에 어떤 끈 잡고 이곳에 앉았는가
몇천 년 전 붉은 벽돌 위 맨발로 걸으며
이 삶에 무엇 찾아 여기 왔는가

그들같이 앉아서 명상
인연의 끈이 얽힌 타르초의 화사한 속삭임
자비함 사랑
빛으로 남으라

스쳐 지나간 인연만큼 수많은 초가 태워지는 강가 축제장
초들이 타며 사라지는 인연 고리들
겁을 태운 나를 만나는 시간
바람이 분다 고요함의 중심에 이는 바람
나는 자유로운 바람이 된다

제3의 눈

이 삶의 여정에서 너를 만나니
그냥 좋았다
대형 스투파를 카메라에 담기만 하면 돼 했는데
하늘이 조화를 부려
파란 물감 풀어 두고
구름 장식하니
눈치 빠르게 나를 읽는 것이
제3의 눈이로다

영혼을 잡아둔 눈
내 영혼은 잡힌 듯 눈 속에 눈을 넣고 좋아한다
너를 만나러 왔구나
신께서 나에게 그것을 허락하셨구나
감사하구나

숨어 있던 영감들이 달려 나와
미간에서 꼬리를 달고 나팔을 불어댄다
천사의 나팔 소리

타르초가 한 차례 펄럭대며
춤사위 벌이니
비둘기떼 노래하듯 날아오른다

내 영혼은 소리 없이
환희하며 하늘가에 닿는다

파슈파티나트

비둘기들과 비행
새는 땅과 하늘을 잇는 가교로 날고
구름은 흰옷을 입었다 벗었다
단장한 랍비들 여인네들 다가오는 아이들
향내와 이곳저곳의 연기
하늘로 올라간다

꽃들 장식된 장작더미 너머
고요하게 누워있는 주검
삶과 죽음을 타고 넘는 다비 이어지며
세상의 문을 닫고
타다만 검은 나무 사이로 흘러가는 것들
살 타는 냄새 진동한다

곳곳마다 붉은색을 입히고
기도하는
보이지 않는 세계를 향한 화사한 색들
삶과 죽음이 공존하며

평정된 듯 자연스러운
어디에도 죽음앞에서 통곡하는 모습은 보이지 않는다

이생에서 신 앞에 갈 때는
신발을 벗어야 하는
힌두신들 향해 맨발로 달려가는 삶들
내 어머니 가실 때는 꽃신 신겨 드렸었지

삶과 죽음이 넘나드는 그곳
검은 강이 흐른다

티베트 게스트하우스

티베트를 가보아야지 하며
내 뇌리 어딘가 박혀있던 염원이
티베트 네팔 분간 없이 덜컥 떠난 여행

긴 여정의 트레킹 끝나고 떠나려는 날
천재지변 같은 공항폐쇄
가지 못한 티베트 아쉬운 듯
머물게 된 티베트 게스트하우스

로비 장식품은 부처님 형상과 유명스님 사진
티베트 스님도 분탄 스님도 묵으셨다

헐렁한 침대도 사치인 양 가볍게 유연해진 내 사고도
정월 대보름 축제는
꽁꽁 싸맨 여유 없는 여행객에겐 이방인이다

묶어 놓지 않아도 스스로 묶여 자유롭지 못하고
점점 작아져 가는 한계상황 속 각국 인간들 형태

하루하루에 만족하며 한 땀 한 땀 정성스레
작품 만들어낸 네팔 청년 앞에
자본의 노예로 살기보다
작은 것으로도 여유 있게 살라는
가르침 받는 시간

분주한 타멜거리의 풍경 속에
티베트 게스트하우스에서의 한때

내 삶의 휴식시간

정월 대보름 타멜에서

정월 대보름
우리도 축제 날인데
내 짝꿍이 세상에 태어난 날
네팔 카트만두 이곳도 축제의 날 휴일이다

타멜거리*의 현란한 상점들은 문을 닫고
손에 물감 가루를 든 무리가
환호하며 떼 지어 거리 활보한다
지붕에서 퍼부어지는 물과 뒤엉켜
머리도 얼굴도 여러 색으로 칠해지고
흰 티셔츠는 울긋불긋 색으로 칠해진다
덧 입은 색들은 칙칙해져 간다

그 삶에 뛰어들어 같이 색들이 되지 못하고
멀리서만 본 축제의 날
영문 모르고 무작정 뛰어들기보다
방관자가 되어 본 날
무명은 순수하여 어떤 색이든 잘 받아들인다

순수에 맑은 영혼이 물들거라
쉽게 물들지 말고 순수하게 남아
밝으므로 빛나거라

하늘과 땅 둥근 달과 지구
지구가 한 가족으로 함께 하는
하늘과 하나 되는 축제로다
정월 대보름 달빛 아래
우주가 하나로다

* 타멜거리: 네팔 카트만두의 전통시장

잉카, 태양의 제국이여

남미 페루의 번성했던 잉카
스페인 침공 점령으로 흩어지고 찢어져
천연두 창궐하고 황금 제국은 멸하였어도
무지개 깃발 남아 태양 빛난다

우주 관문인 명왕성에서
태양신이 빛으로 내려와 건설한 태양의 제국
산 위의 문양 하나 가슴에 박힌다

매혹적인 태양의 공주는
패전으로 끌려가 지구화되어 살았을까

은폐된 태양 신전 위에 성당이 서 있다
남아있는 미궁의 전설
잃어버린 공중도시 마츄픽츄

흔적을 보는 것이 세포의 부활탄이다

잉카의 돌 조각 하나가
내 안에서 부활하여
불사조 되어 날아오른다

잉카, 태양의 제국이여

우루밤바

잃어버린 공중도시 마츄픽츄 만난 날
아름다운 꽃에 취해 시공 사라지고
그녀들 찾아와 밤을 지킨다

주먹만 한 별들 우르르 내려앉아
빛으로 수놓고
수세기 기억들 몰려와
따스한 숨결로 키워낸다

은하의 기억들 생명으로 자라
지구와 태양계 연결 재건 다짐하는
돈키호테가 서 있다

잉카의 요새에서

나는 부활한 듯 화사하게 그곳에 섰다

전쟁이나 약탈 그런 것들은 없어지고 고요하다

얼마나 많은 시간 흘렀을까

지구는 많은 변화 겪었다

길들여진 지구 반대편 삶이
이곳에 적응 못 하고 숨 가쁜 호흡만 뿜어낼 뿐

그 많던 기억은 남아있지 않고
바위만 남아
묵묵히 그 자리 지키고 있었다

원주민이 짠 화사한 자색 담요 하나
내 자리에 같이하며
올 하나하나에서 흔적을 찾아본다

chapter 5   꽃이 별이었구나!

꽃이 별이었구나!

접사 렌즈 속에서 웃고 있던
도라지 원추리 나리꽃……

깊은 산 속 옹달샘에서
낮에도 빛나는 별을 만났다

별들은 아이의 눈 속에서도 빛나고
정원의 꽃들이 되어 피어 있다

천상의 별들이 내려와
지상에서 이야기꽃 피우는 곳이 꽃밭이었구나

새삼 재발견이라도 한듯
꽃들을 살펴본다
꽃들이 다 별 모양이다

아~ 별들이 내려와 꽃이 되었구나

해당화

마른 가지에 소복이 붙어있는 가시들
한치의 틈도 없다

해풍에 피고 지는 꽃들

애달픈 꽃잎만 간간히 피우다
붉은 사리 열매 달고
한겨울 서릿발에 마르고 지친
황량한 겨울날
나 보았네
검은 흔적 하나 남은
상처 품고 앉은 가시 덮인 너

물이 오르는가, 봄기운에
가뭄에 애끓듯 끌어올려
가시들은 가려지겠지, 잎이 무성해지면
벌 나비들이 날아들어 황홀할 테지, 꽃이 피면

나무는 모른다
그렇게 많은 가시가 박혀있는 줄을

사랑의 꽃

근원은 어디에서 숨 쉬고 있는가
태곳적 근심 파헤치니 뿌리 밑동 아리다

하늘 향해 가지 펼쳐라
정수리 기운 대지에 내려앉아
만물 토닥거려 잠재운다
가슴에서 피워낸 사랑의 꽃
시들지 말고 화사하게 피어라

구름 되어 흩어지는 것들
가지로 뻗어나 하늘 구름 되어라
허공 속 연기되어라
폐부까지 전해오는 진한 향기
향이 되어 콧속 간질인다

내 안에 살아있는 에너지
내가 깨어나 지혜로워야 한다
하늘 일과 땅 일 힘을 합하여 일어나야 할 때

소통하는 언어가 같아야 한다
천지인 인지천 사람이 소통해야 한다

하늘과 땅 사이에 사람이 있다
하늘과 땅 사이에 내가 있다

빛은 신의 눈길이다

태양의 눈길
무지갯빛 사랑으로
치유의 에너지 되고

내 안에 있기 거북한 것들
재채기로 몰려나가면
가슴의 충만한 사랑이
세상을 정화하고

눈에서 방출되는 파동
시각은 레이더 작용으로
물체를 만지는 행위

너울너울 손이 움직이면
빛은 찬란하게 춤을 춘다

빛은 사랑 되고
세상은 사랑

닭은 간이 콕질이다

아저씨 가저 갔슨
薫가 시엄파 영훈으로

박달 저수지에서

늦가을 새로 자란 푸른 풀들 푹신한 저수지 언덕
강태공의 빈 낚싯대 마저 하나 없는 낚시터엔
울긋불긋 기다림만 남아 있는 작은 낚시방
낙엽송 누른 잎은 시처럼 떨어진다

옆집 살던 분이랑
풋풋하게 익어가던 사랑이야기
어머니는 또 할머니까지 가세하여
왜 그리 작은 것에 매달려 말렸드랬는지
인연이 아니었던 게지

설렘은 세월만큼 깎이고 닳아
아리던 가슴 어느 하늘가에 숨어 버렸다

다시 찾은 저수지 언덕에
아련한 가슴은 무수히 자라난 갈대처럼
부질없는 흔들림으로 남아
다시 올 것 같지 않은 그리움이 먼 낮으로 이야기를 건다
저수지에는 삶과 사랑 이야기 담은 산 하나가 내려와
내 가슴을 따사롭게 어루만져 주고 있다

세포

한때는 나에게 너의 세포 한 부분이 있었지
너는 날개 달고 날아갔고
내 세포 속의 너를 발라내는 것은
쉽지 않은 일이었지
그 공간을 오래 비워두기에는
세포들의 균형이 맞지 않았어
재배열된 공간들에는
다른 것들이 들어와 살고 있어

무의식은 가끔
너의 기억을 붙들고
네가 내 세포의 일부로 남아 있다고
착각을 할 수도 있지

이제 내 안에 너의 공간은
내가 가진 모든 것들에 대한
사랑과 같은 것일 뿐이야

이팝나무

흰 쌀밥처럼 하얀 꽃이 핀다
보릿고개 허기 속에 바라보면
쌀밥을 높이 담아 놓은 이밥나무
치성도 드리고 제사도 올리며
농사의 풍 흉년을 점쳤다
쌀밥 알맹이 보릿고개 되새기며
하얀 쌀을 튀겨놓은 풍성하던 꽃
천안의 아우네 장터 갔던 날
오월의 가로수 되어
하얗게 웃음 웃는다

개망초꽃

쩍쩍 갈라진 땅
그곳에서 꽃을 피우는 흰 무리의 백성들

그들의 터전은
사람 손이 타지 않는 곳, 신이 버린 땅

밤이면 별까지 소복이 내려오는
백의민족의 축제

7월의 뙤약볕 아래
민초들의 함성

목련

그 하얗고 순결한 것 속셈 있을 줄이야
나름 일등을 계획하고 있었다
모진 추위와 바람에 꿋꿋이 견디고
가장 먼저 꽃을 피워 사나흘 절정으로 호려 놓고는
처절하게 꽃잎 떨구고 사라져 가는 그가
잎을 피우며 또 한 해를 꿈꾸고 있었다
내년에 피울 꽃대를 올리며 내 안의 설렘을……

한 꼭지 일을 끝내고 성공이든 실패든
또 다른 일을 계획하는 우리의 삶도
그런 것이다. 셀렘을 간직하고 있는 한
희망이다. 봄이다

추위 속에서 빛나는 봉오리를 만났다
목련의 한 생이 그렇게 피어
누군가는 감동으로 감탄사를 날리다가
예술로 태어난다
그들의 절정에 환희하고 함께 노래하며
나는 또 바람이 되겠지

chapter 6 천사의 나팔소리

천사의 나팔소리

천사의 나팔소리에 창문을 연다
Nini Rosso* 트럼펫이 연주되고 있는 정원
계곡 가득 북한산 흔드는 탄성의 울림에
빗방울이 오선지를 뛰논다

노란 종들이 옹기종기 매달린 천사의 나팔**은
잎새에 떨어지는 '솔'을 불어보고
이웃의 흐드러진 능소화 잎은 '미'
옥잠화의 넓은 잎은 낮은 '도'를 연주한다

나는 곧 용비어천가 악학궤범의 봉래의를
색동 장삼 날개를 양손에 끼고
취타대의 장단에 맞추어 날아갈 텐데

나팔소리가 향기로 바람을 탄다
사랑의 향기 빛으로 울려 퍼지고
희망과 사랑 담은 천사의 나팔소리
우주 율여되어 영원으로 울려 퍼져라

---

* Nini Rosso: 밤하늘의 트럼펫으로 인기 있던 이태리 출신의 트럼펫 연주자
** 천사의 나팔(Angel'Trumpet): 남미 열대지방이 원산지인 가지과의 유독
성 식물

아버지의 옥편

낡아서 헤진 부수 앞장에
닥종이로 곱게 붙여
세필로 획수와 페이지를 적어 두신 것들이

책 속에 숨어 있는
한 장의 비서처럼
노란 갱지 위에
청암이라는 호와 사언절구 두 편

당신 떠난 지 20년이 흘러갔는데
천을귀인 나타나 그 뜻 풀어 알리니
딸아이가 그려 놓은 크레용 그림이
숨어 있다 헤진 종이 사이로 드러나듯 선명하다

잊히고 묻혔던 내 뿌리가
한 권의 낡은 옥편 속에서 나와
반짝이며 엉겨있는 것이
이유 없는 내 삶의 행보에 느낌표를 던진다

복천성

별 하나 세상에 씨앗으로 떨어졌네
스무 해 동안
진공 팩에 갇혀있었네

물을 주어도
영양분을 주어도
자라지를 않았네

천상에서 열쇠 하나 주었네
주어진 열쇠마저 부서지네
열쇠는 붙여서 놓아두었네

자치법……
스스로 깨고 나와야 한다네
그가 스스로 깨치어
세상에 우뚝 설 준비하네
나는 그를 믿네
그 아이가 내 아이라네

시를 위하여

버려야 할 것들 안고 살았다
시인같이 시를 쓰지 않고
방랑자같이 시를 썼다
뇌를 짜내는 퇴고 없이 대충 그려진 채
시집이라고 달고 나왔다
시 속의 군더더기들 숨어
궁시렁대며 비웃어도 과정이리라

작가는 무소불능의 능력자
시가 아프다고 비명 지르고 있었을까
언어의 액기스 만들기 위해선
뇌의 한 방울까지도 짜내야 한다

잠 안 오는 밤에

천리길 걸어 찾아오는 사랑이야기
'잠 안 오는 밤에'를 읽는다
시인의 부고를 보고서야
처음인 듯 시인 사진을 본다

페이스북에서 본 시인의 부고 소식
한 줄 댓글 달았다
못 뵙고 떠나신
자주 외던 시에 시인의 이름을

'희망가 문병란' 그렇게 시 낭송을 시작했다
한 생의 절정들
시구로 남아
시인은 덜 외로우리라
가시는 그 길이

잠 안 오는 밤에
나는 시를 쓴다

신 낭만파들

가혹한 노동으로 흘린 땀
일제 수탈로 눈물조차 빼앗긴
소금창고 안 작은 설산 찾은
소래 포구의 낭만파들

위대한 소원이 시작되는 오늘
시간의 굴레에 메어 못다 푼 응어리는
별이 되고 글이 되리

바람이 몸에 가시를 박는다
상처가 피워낸 해당화
잉태된 붉은 열매가
문단에 꽃을 피운다

가을을 심다가

흙 속에 살던 지렁이가 자지러지며 놀란다
예전에는 내가 더 놀라는 줄 알았다
모종삽에 몸이 반으로 갈라져 꿈틀거릴 때는
나는 온 동네가 떠나 갈 듯 소리를 질러댔다
베짱이는 아니라고 하며 가을 음악을 선곡하던 청솔*이
큰 소리 없이 놀라는 표정만 보고도
이제는 안다는 눈빛이다
얼른 흙으로 덮고 국화뿌리로 꽉 눌렀다
누른다고 죽지도 소리치지도 않는 것을 안다
새로운 꽃들이 마당에 오는 날은
잊어버리고, 소리 없이 그곳에 사는
지렁이들이 놀라는 날이다
가을로 화사하게 피어나던 국화꽃 똥구멍이
들썩들썩 가끔은 간지러울 거다
그렇다고 나만큼 놀라지는 않겠지

---

* 청솔: 남편의 닉네임

chapter 7　손가락이 말을 한다

손가락이 말을 한다

손가락이 말을 한다

손가락이 질문하고 말하는 세대다
바빴던 입들은 후방으로 물러나고
손가락이 하는 말에 손가락이 대답한다

차마 입 밖으로 꺼낼 수 없던 가슴을
손가락이 먼저 고백을 한다

가만히 잡은 손, 손가락이 얽혔다
엉킨 손가락이 바르르 떤다
뿌리치지 않고 말이 필요 없는
따스함이 공유되는 그런 시간도
손가락은 말을 하고 싶어한다

손가락이 입보다 많은 말을 하니
만남 앞에서도 손가락은 바쁘다

나이 든 이들은 새로운 언어를 배우고

젊은이들은 아예 손가락이 그들의 문화다
나이 든 이들의 결과물인 셈이다
다음 세대에는
텔레파시가 말을 하는 시대가 올지도 모른다

손가락이 한 말이
웅웅거리며 말을 걸어온다

일탈

안개비 젖던 그 아침
천상 별들 내려 앉은 정원 꽃들은
진한 향기로 우릴 맞이했지

물 그림자 순천 에코동산
공명으로 일어서는 천상의 합창

뿌연 안경 너머로 보이는 것 없어도
심안 열리어 영혼은 즐거웠지

싱그런 웃음 선사했던 그 아침
일탈 너머의
일탈

불꽃이 되라

불꽃을 피우는 모닥불
탁탁 거리며 타는 그 한순간
환희 하는 순간순간이 삶의 조각이다
활활 불꽃처럼 살다 가려 해도
그냥 타고 재만 남아
타는 불꽃에 시련 조각의 장작덩이 던져 넣으니
재미와 환희가 피어난다
삶이 그런 거란다
검은 동강으로 남아 이리저리 굴러 다니느니
재가 된다면 그것도 영광이리
재미없이 타면 꺼지고 또 연기만 남고
그냥 타도 아쉬움만 남고
시련과 도전을 섞어서 타면 매력이 남는다
어둠도 태우고
허무도 가식도 타고 다 타버려라
순간에 최선을 다하면 재가 될 수 있음이라
삶이 사랑 이었음이라
내 삶이 불꽃 이었음이라

흑마늘

오랜 시간 따뜻하게 수행하여
온몸은 칠흑같이 되었습니다

뿜어내는 냄새가 역겹기도 했겠지요
카르마를 벗어내듯
내 안의 묶은 때를 벗는 과정이지요

몰골은 흉하여도
세상에 이로움이 크다 하니
제 한 몸 다하여도 행복합니다

무의도

바람은 무녀의 그것마냥 축제 깃발 흔들댄다
곱게 차려 입은 여인들 춤바람으로 섬을 흔드니
바다 출렁댄다
소무의도 연결 다리에 걸려있는 내 시 한 편도 파도가 된다
동글동글 돌 무리에 앉아 이야기꽃이 피니
걸려있는 옷들이 다시금 한바탕 춤사위를 벌였다

비행기는 차곡차곡 오고 가고
파도랑 바람은 그대로인 듯하나
무의 포도 할매는 알알이 포도송이 세다가
이제 세월의 무게에 힘이 버겁다 한다

무의도를 누비며 누리고
포도랑 밤 고구마 가을을 실어왔다

다시 오마는 기약 없는 약속에
무의도 바람이 살포시 손 잡는다

비움과 채움

뒤깐에 앉았다가 딴 세상을 온전히 만나
그곳에 앉은 것도 잊었다

뒤깐 앉는 시간도 짧고
무아지경에 빠질 여유는 없었다
뒤깐이라 적힌 선암사의 그곳과
송광사의 그곳을 다녀오고
백운대 단풍나무 아래에
흩어진 휴지들, 이곳도 그곳이었구나 했다
뒤깐에 앉아 SNS 보다가 그냥 빠져버렸다
지인의 미국 버지니아 퍼덕이는 새 소식을 보며
온전하게 여행의 추억을 기억해 내는 시간도 있었다

비움의 대명사 같은 뒤깐
비움과 채움의 집이 되는구나

스마트 폰

모든 지식을 다 담고
스마트하다고
뽐내며
움직이는 뇌로 둔갑하여 있는
편리한 세상

생명이 다하면 뇌가 활동을 멈추듯
방전된 휴대용 뇌는 무용지물
채 하루를 버티지 못하는 배터리에
하루 하루 수혈 받고
틈틈이 수혈 대에 호스 대고 누워있다

뇌는 장식품이 되어가고
성형한 얼굴들이 브라운관에 주인공으로 웃음 짓고
전화번호 몇 개마저도 기억 속에서 사라지고
움직이는 뇌가 관리한다

스마트 폰 광고가
그런 걸 왜 기억하느냐고 웃는다

모든 것이 가라앉았다

이유 없는 사고로 많은 것들을 잃었을 때
그때 그랬듯이
누구나가 죄인같이
모든 것이 가라앉았다

방송도 그것 이외에는 잠잠하고
인터넷에서도 카톡 밴드 페이스북
대부분의 내용이 응원 격려 기도 때로는 분노하고
그리고 아래로 가라앉았다

칠흑의 바닷속
피지 못한 봉오리들의
세포와 같이 공감하는 시간이 된다

극도로 말을 아끼며
행사들은 줄줄이 취소되고
모두가 가슴에
검은 상복을 입고 있다

어머님 가신지 일 년이 되었다
지나는 곳곳마다 당신 숨결에
눈시울도 많이 젖었는데
이제는 그런 감정들이 잘 승화되어
웃음 안에 당신이 살아 계신다

감정들이 누구를 탓하고 원망하는
것들에서 벗어나
서로 사랑하고 하나 되는
그래서 그들의 죽음이 헛되지 않기를

항해

인터넷 거미줄 망에 걸려
문신처럼 돌아다니는
내 흔적들

지워도 남는 흉터 같은
삶의 행보들

우주파일도 그렇다고 했다
모든 것은 다 기록된다고
단지 우리가 모를 뿐

검색 창에 이름자 치니
기억에서 사라진 과거가
줄을 달고 "나 여기"하고 나타난다
이름자 치고 떠나는
과거로의 항해

전생록에 의한 행로의
이 생의 행보들

차 생에 기록된다

세포 속에 녹아 든 우주
오늘도 파도 헤치며 떠나는
항해

충전기에 누워

펄떡거리는 심장을
가지런히 눕히고
충전을 시작한다
나의 에너지 충전 방식이다

충전기의 그것처럼
침대는 가만히 나를
보듬어 안는다

chapter 8

나는 역사의
어떤 한 점이 될지

나는 역사의 어떤 한 점이 될지

백제 무왕과 선화공주의 사랑
미륵사에 남아 있는 당간지주와
광활한 미륵사의 터
그리고 복원을 위해 누워 있는 미륵사지 석탑
묵묵히 그 아래 관조하고 있는 미륵산

영원한 희망의 부처 미륵
역사의 고비마다 민중들이 염원하던
미륵이 도래하기를

그때나 지금이나

지금 내 삶처럼 읊조리는 천명
나레이션의 천상해인 진언의
마이트레야, 미륵은

미풍에 실려 오는
역사의 숨결과 함께
흐르는 역사 가슴에 담으며

오늘도 지금 이 순간도
매 시간의 선택과 최선의 열정으로
흐르는 역사의 무엇이 될지

나는 역사의 어떤 한 점이 될지

개천제

하늘 나라의 한(桓)국
한민족 우주 광명의 시간 축하하는 개천제
천제와 놀이로 한마음 되는 개천행사에
천지인 우주만물 하나 되어
홍익인간 제세이화 인류평화 부흥하세

하늘이 열리고 모든 것을 품은 땅이 일어나 앉는
하늘과 땅 사이 개천제에 함께하는 우리들
배달민족 홍익정신 온 누리에 뿌리내려
하늘과 땅 사람이 함께 어우러져 하나 되세

우주광명 천지광명 생명의 문화
우주 삼신 문화의 주체인 천자문화의 주인공
사람 안의 우주적 성품이
오롯이 제 능력 발휘하는 나라
군자의 나라 하늘의 나라

역사의 상식 지혜를 모아
하늘땅과 이상을 실현하는 존재인 우리가

빛의 신성 본성으로 거듭나
세상에 하늘의 지혜를 펼치는 시간

왜곡의 역사 잃어버린 역사 바로 세우고 복원하여
정서의 치유와 함께 한민족으로 우뚝 설 때다
마음 속 솟대 살아나
인간 본성과 신성의 회복으로
한민족이 세운 가장
오래된 나라 탄생 축하하고 영속시키는 자리

만년 환단 역사 찾고 배달나라 우리 모두 백 천년 잊지마세
역사의 발자취 밑뿌리 속 강인한 정신적 문화적 성품을
깨달아
한민족이 세계를 이끌어 갈 때다
밝혀나갈 때다

깨어나라
대한의 혼이여
하늘의 자손이여

광개토호태왕

하늘의 자손 진정한 제국의 황제
세계에 우뚝 선 산이요 역사상 최고의 군주이며
가장 위대한 고구려 19대 국강상광개토경평안호태왕

불굴의 기개와 웅혼한 기상
생생하게 살아 숨쉬며
우리들 가슴 뭉클하게 울린다

부족과 백성들 하나로 묶어 대 통합 이루어낸 영락대통일
평안과 영화 기원하며 오래 오래 평안하고 즐거워라

세계 속 우주 속에 자랑스러운 위대한 천손들이여
사면 석비에 새겨진 말씀은 하늘의 소리다
비문은 후손에게 주는 울림이요 함성이다

하늘의 소리 들어라
여기 태황의 비가 서 있고 우리가 함께함은
위대한 고구려가 천하의 중심이듯
우리 민족의 끓는 피는 반도에만 머물 수 없음이다

환인 환국 배달나라 단군조선 북부여의 장자국 고구려
백두산 정기 신성한 정신으로 웅대한 한민족 기상 드높여
넓고 깊은 대륙이 깨어나 역동적 움직임으로 함께하는
한민족 대 통합이다 천손사상 다물 정신 고토회복이다

님의 우주적 기상 일어나
천상의 율여되어 대륙을 달려가라
영혼들이 깨어나는 윤활유로 거듭나라

태황이시여, 우리 역사여
우주의 힘으로 지구평화 기원하고
다시 일어나 세계통합 대륙을 닳리는 그날까지
고구려여 후손들이여 영원하라

역사는 흐른다

내가 본 책 영화 삶들이 역사가 되어
나를 버티고 있구나

행했던 모든 것들이
부메랑 되어 다시 돌아와 역사로 존재하는구나

우뚝 솟은 광개토왕 비석 앞에 둘러앉아
그 기상 전해 듣소
불타는 태양이 이글거리는
눈빛 용맹한 기상들 내려와 함께하오
거대한 태왕능에 길게 늘어선 모습들 대군의 기상 같소
작은 석실 무덤 위에 지폐 한 장 올려두고 기도드리오
언젠가
님의 웅장한 기상이 살아나
말발굽소리 내며 달리어
영혼들이 깨어나는 윤활유로 거듭날 것이요
백만 대군들이 다시 일어나 대륙을 달리는 그날까지
우리 역사여 영원하라

압록강과 뙈기밭

조각 조각 이어진
푸른 조각보가 걸려있는 산비탈
눈물과 땀으로 이어진 조각보
굶어 죽지 않기 위해 몸부림치는
절규의 호소를 자연에 그린 수채화

압록강 건너
붉은 눈들 번뜩이는 이국땅 창가에서
내 동포가 그린 수채화 가슴에 담는다
아픔 배고픔의 분단 설움도 함께
우리가 안고 건너야 할 과제이다

누더기 조각보가 산마다 펄럭이고
압록강은 소리 없이
그날을 외쳐 부르며 흘러간다

에너지 원

국동대혈
먼 고구려 왕들이 제사장 되어
천신들께 제사 지내던 곳

이른 새벽
숨 헐떡이며 다다른 동굴
박쥐 떼가 대군 등장에 놀라 퍼덕댄다

관세음보살 건강신 재물신에 절 올리고
유리왕이 걸었던 가파른 산길 오르니
황조가 읊었던 사랑바위전설이 나타났다

요새 속에서 숨죽이며
계승된 민족의 천신들과 함께하며
한민족 후손들 행렬이 국동대혈에 섰다

천제를 올린다
천상에 존재들과 민족신들 함께하며
모두가 손을 잡은 뜨거운 가슴들

뭉클하고 감동적인 한순간
내 삶에 고갈되지 않는
에너지 원이다

압록강이 말없이 가던 손을 잡아준다

졸본성에서

내 전생의 한 페이지였을 오녀산성
졸본성 오른다
가파른 계단 숨가쁘게 올라
안개 걷힌 풍광 산꼭대기 앉아
고구려의 기상 그때의 기억들
내 영혼은 감격하며 함께 한다

옛 터전 흔적과 호흡 같이하며
돌덩이들 속에 숨 죽이고 지켜보고 있을 넋
성곽 공법으로 배우며 기억 더듬는다
재현했던 역사드라마 장면만 남아있는
영혼 세포의 기억 카메라는 흔적 찾아 담는다

나를 불러 이곳에 함께 할 수 있음이
감사한 시간
고구려의 기상
천상의 율여되어 세상에 펼쳐져라

청산리 전투터에서

청산리 대첩의 전투터 가는 길

멀리 비석이 반기고
그들이 걸었던 길 새벽 달려와 걷는다
비릿내 나던 날의 기억 없는 뭇 야생화
이유 없이 아리게 피어있다

개울가 맨발로 서니
쨍하는 차가운 물살에
내 머리가 뻔쩍 눈 뜬다

나라 구하겠다는 일념의 염원
함성과 칼날 같은 물살의 직소택 앞에서
그들의 원혼 달래고
또 적이었던 젊음들 원혼 함께 달래며
역사와 함께 품어 안고
고개 숙여 절 드린다

잊지 말고 안고 가야 할 정신이다

신교총화

지혜의 빛이여
우주 사상의 기원 모든 가르침을 아우르는
신교총화 뿌리내리게 하라

천지인 속의 삼신의 현현이여
홍익인간 재세이화 배달겨레 광명의 동방 땅
하늘의 자손 천손민족이여
새 하늘 새 뜻이 천지인 조화로 이 땅에 펼쳐져라

생명 신성 지혜와 광명, 고구려의 건국 일에
하늘과 땅 이상을 실현하는 우리
모든 가르침이 하나 되어
마음 속 솟대 살아나
사람 안의 성품이 우주의 작용으로 조화되어라

비서갑신모 황궁천제단 도래하듯
자신의 몸을 불태워 세상을 밝히는 촛불 같은
하늘의 진신 현현하도다

하늘이 항상 우리 위에 또 곁에 내 속에 있음을 알고 사는
황극유거 신교총화, 신교총화여
모든 가르침 하나 되어 생성 소멸 조화로 일어나라

하늘이시여
당신의 길이 되겠나이다
우주 만물을 보살펴 주소서

칠석제

Vision 속 하느님의 심부름꾼처럼
그녀도 세상에
씨앗주머니 달고 왔다

직녀라
씨실 날실 많은 사람 실들을 엮어서
베를 짜고
세상 장식한다

신세기 칠월 칠석은
설화가 한 종지부 찍고
다음 이야기 시작된다

은하수 물결 위로
오작교 다리 건너
견우가 직녀에게 입궁하는 날이다

슬픔 이별 눈물 없는
둘이 하나 되는 날이다

무극이다

수 천년 생명 엮어온 연인의 날이다
엮어진 베들이 세상에 수 놓고 있다
우주의 별들이 하나둘씩 내려와
함께 어우러져 사랑 펼쳐나가자

연인처럼

통일 염원 담은 한글

땅덩어리 하나 쪼개져
가슴에 금을 긋고 살아온 지 70년
살가운 언어는 실핏줄로 남아
한민족 생명 끈 이어왔다

삼천리 방방곡곡 한글 혼 되살아나
한 땀 한 땀 뜯어진 가슴 꿰매어
통일 염원으로 타올라
심장 소생하여 불멸의 생으로
한 머리 땅에 뿌리내려라

잎 피우고 꽃 피워 열매 맺으니
세계로 뻗어 나간 한글 숲이다

우주 끝까지 뻗은 가지들
은하수 건너 별빛으로 내려와
하늘 아우르는 사람들과
통일된 나라 하나의 글
한글로 하나 됨이다

하늘 두레박

발 행 일 | 2015년 12월 1일
저　　자 | 여서완
발 행 인 | 여현순
발 행 처 | 조인컴
디 자 인 | 황지영
출판등록 | 2012년 5월 23일 (제 300 - 2012 - 104)호
주　　소 | 서울 종로구 비봉2길 32. 1 - 101
홈페이지 | www.joincomm.com
전자메일 | yeolucent@hanmail.net
대표전화 | 02-396-6401
팩　　스 | 02-2051-4867

정가 10,000원

ISBN 978-89-968999-2-1　 03810

이 도서의 국립중앙도서관 출판시도서목록(CIP)은 서지정보유통지
원시스템 홈페이지(http://seoji.nl.go.kr)와 국가자료공동목록시스템
(http://www.nl.go.kr/kolisnet)에서 이용하실 수 있습니다.
(CIP제어번호: CIP2015031333)

저자와 합의에 의해 인지를 생략합니다.
저자의 허락없이 이 책의 내용을 전체 또는 일부를 복사할 수 없습니다.
판권 소유는 저자에게 있습니다.